LA DESESPERANZA
Antología poética

SANTIAGO ACOSTA

LA DESESPERANZA

Antología poética

Selección del autor

Prólogo de Gustavo Guerrero

VISOR LIBROS

VOLUMEN MCCX DE LA COLECCIÓN VISOR DE POESÍA

Esta obra ha sido publicada gracias a la ayuda concedida
por la Fundación para la Cultura Urbana

Cubierta: Andreína Vallés

Edición al cuidado de Nicole Brezin

Isaac Peral, 18 - 28015 Madrid
www.visor-libros.com

ISBN: 978-84-9895-569-9
Depósito Legal: M-3312-2024

Impreso en España - Printed in Spain
Gráficas Muriel. C/ Investigación, n.º 9. P. I. Los Olivos - 28906 Getafe (Madrid)

PRÓLOGO

Uno de los criterios con que se suele medir la eficacia de una antología poética es su capacidad para hacer inteligible la trayectoria del poeta o los poetas antologados. Esta que el lector tiene ahora entre las manos no solo cumple con tal requisito, sino que le ofrece además una muestra bastante amplia y representativa del trabajo de Santiago Acosta (1983), una de las voces más singulares y, a la vez, más características de las últimas hornadas de Venezuela. Digo lo uno y lo otro sin contradicción: «singular» porque la poesía de Acosta no se parece a la de ninguno de sus contemporáneos y «característica» porque curiosamente en ella se hallan reunidos los signos de identidad de una generación de jóvenes poetas venezolanos que se abre paso en el siglo XXI y que tiene sin duda mucho en común con las de otros países, dentro y fuera del ámbito hispánico.

Acosta se da a conocer en 2007 cuando gana con su libro *Detrás de los erizos* el premio del concurso de autores inéditos promovido por Monte Ávila Editores en Caracas. Ese mismo año, y casi simultáneamente, salta a la palestra de nuestra vida literaria, junto a Willy McKey, al lanzar la revista de poesía y crítica *El Salmón*. Verdadero hito en la historia reciente de nuestras letras, esta publicación quiso ser un espacio de reflexión y de creación destinado a propiciar paralelamente un reajuste del canon poético venezolano y un debate en torno a la situación de la poesía en el nuevo siglo. Durante los tres años que dura *El Salmón*, Acosta da a leer en sus páginas a un sinnúmero de poetas poco o mal conocidos, reescribe algunos capítulos de la historia de la poesía en Venezuela y fomenta un diálogo estimulante, riguroso y abierto con otras literaturas y otras tradiciones poéticas. El poeta y traductor barcelonés Eduardo Moga nos dejó en su momento uno de los testimonios más entusiastas de lo que significó aquella publicación: «*El Salmón* es un ejemplo de sentido crítico, rigor intelectual y pasión por la poesía. Su dedicación a la literatura venezolana ha sido, desde su primer número, compatible con un espíritu integrador y cosmopolita, y su presencia no solo enriquece el panorama cultural de su país, sino que honra a la lengua castellana».

La primera poesía de Acosta acompaña en el tiempo a la aventura de esta revista y se plasma en dos libros de los cuales se ha hecho aquí una ajustada selección: el ya mencionado *Detrás de los erizos* (2007) y *diagonales* (2010). Ambos se construyen básicamente como relecturas de una modernidad tardía que, de Rafael Cadenas a David Huerta, pasando por José Ángel Valente y por tantos otros poetas de España, asume la imposibilidad y el fracaso como el contexto indispensable a un *aggiornamento* de la palabra poética. El venezolano sabe que la época heroica de una poesía comunicante ha quedado atrás y que, a principios del siglo XXI, no cabe volver a un lirismo órfico ni reflotar el viejo culto de la imagen. A todas luces, hay una toma de distancia con ciertos derroteros del proyecto moderno que, en su primer libro, se dibuja a través de la elaboración de un lenguaje privado, siempre en pos de su interlocutor y, en el segundo, se traduce en una reflexión crítica sobre la poesía y el poema como encarnaciones de una ambición fallida. La enunciación de Acosta se presenta así, desde el comienzo, como una enunciación situada históricamente y cuyo posicionamiento presupone una compresión de lo problemático que resulta el oficio de poeta en nuestro tiempo. En *Detrás de los erizos*, más allá o más acá de la evocación de paisajes submarinos, la pregunta de para quién se escribe y a quién se dirige la palabra del poema recorre sorda casi todos los versos y a veces se hace explícita como una silenciosa conversación con un destinatario imprecisable y fantasmático, pero al que el propio poeta debe recrear, una y otra vez, para darse un horizonte de comunicación. Valga la cita: «Siempre que hablo te escucho // Dime si tu carne se enreda en mi dedo / o si buscas morderme / brotar del surco de una roca/como una lengua oscura // (Lo que tú abandonas se borra de mi mano)».

Palabra dialogante, que busca e interpela a su interlocutor dentro y fuera del poema, la poesía de Acosta adquiere desde muy temprano este hábito de construirse como un intercambio, una conversación e incluso una discusión, sostenida por una interactividad que va del yo al tú o del tú al nosotros. El lenguaje de lo íntimo no da pie ya ni al soliloquio ni a un hermetismo solipsista. Tampoco se ignora en esa primera poesía la dimensión del fracaso, como ya lo dije, sobre todo en los textos de *diagonales,* un libro que se abre con un elocuente epígrafe del cubano-venezolano Julio E. Miranda: «El poema es una trampa de sentido / que captura nada».

El período más innovador y exaltante del trabajo de Acosta no empieza, sin embargo, sino ocho años más tarde, cuando salen a luz dos nuevos libros: *Mañana vendrán las piedras* (2018) y *Cuaderno de otra parte* (2018). Ambos señalan un gran giro en la poesía del venezolano que lo lleva a enfrentarse con la desesperada situación de nuestro país y, al mismo tiempo, lo inscribe en el contexto más vasto de la doble crisis planetaria que están suscitando el colapso medioambiental y el fenómeno adyacente de las migraciones masivas. Así, los poemas de *Mañana vendrán las piedras* se publicaron originalmente, junto a una serie de fotografías de Efraín Vivas, en un álbum que se presentó como una narrativa poético-visual de lo que se conoce como el deslave del estado Vargas: a saber, el gravísimo desastre provocado por la erosión de los suelos, las lluvias torrenciales y las gigantescas inundaciones que hicieron desaparecer del mapa pueblos enteros de la costa central de Venezuela en 1999 y dejaron miles de víctimas. Como ya lo he escrito en otro lugar, la publicación de este álbum en 2018, en uno de los momentos más álgidos de la reciente crisis política, económica y social del país, no podía menos que transformarlo en una extensa metáfora del descalabro y la devastación de la nación toda. Sin embargo, la selección que recoge esta antología pone más bien el acento en la inscripción de estos poemas en una línea mucho más cercana a la literatura sobre el cambio climático y la denuncia de la parálisis de los aparatos políticos ante la urgencia de la crisis ecológica. Comprometido con la lucha por una justicia ambiental, Acosta nos pinta aquí un desastre del pasado como la prefiguración de los desastres presentes y futuros, pues, tras las piedras colosales que se desprenden de las faldas de las montañas, tras los ríos de barro y arenas que anegan calles y casas, no solo está la fuerza fatal e inclemente de lo no-humano, sino la responsabilidad humana que bien define a nuestro tiempo como el Antropoceno: «¿Qué es lo que hemos atestiguado? // ¿Qué ganamos al permanecer tan serenos, / incluso ante el vacío más resplandeciente? // Después de todo, lo que está delante de nosotros / nunca es menos que un abismo», señala el poeta en la conclusión del libro.

Cuaderno de otra parte prolonga esta doble visión que hace de la pérdida del mundo venezolano una manera de mirar al mundo contemporáneo y de describir las crisis que lo atraviesan, aunque ahora desde la perspectiva de los vastos desplazamientos de población a los que estamos asistiendo. Recordemos que Acosta sale de Venezuela en 2011 para completar su estudios en Estados Unidos y que hoy forma parte de los siete millones de venezolanos que, por distintos medios y en diferentes condiciones, han ido expatriándose a lo largo de la última década. Hay que subrayarlo: jamás se ha visto algo semejante en la historia de América Latina. La de Venezuela es una migración de unas dimensiones sin precedentes en la región y que, dentro del mundo contemporáneo, ya supera incluso a la de Siria. *Cuaderno de otra parte* no es una crónica de este gigantesco drama, pero sí una exploración de lo que la experiencia de la migración propicia y de los diversos modos en que va modulando las subjetividades, creando conflictos, penas e ilusiones, o sueños, frustraciones y culpas. Para poder dar cuenta de todo ello, Acosta se aleja de la estilística de sus primeros libros y se acerca explícitamente a una expresión de desafiante prosaísmo que podemos encontrar a menudo en otros poetas de esta misma generación, pues, a mi modo de ver, se está imponiendo a manera de un deslinde con la tradición y el pasado. Y es que, si una parte de la promesa de la poesía moderna era un futuro que es este presente, ya no cabe seguir practicando una dicción ni una idea de lo poético que nutrió tantas falsas esperanzas y que trató de legitimarse a través de una siempre diferida utopía. La tácita exigencia de un bien decir, aun en nuestro coloquialismo más contestatario, fue soporte y vehículo de tal propósito. De ahí que, para nuestro poeta y para otros poetas de su promoción, la pregunta por el lugar de la poesía en la primeras décadas del siglo XXI no tiene otra respuesta que el abandono de toda tentación esteticista y el advenimiento de una palabra descarnadamente realista, crudamente narrativa y mucho más a tono con el momento terminal, apocalíptico que vivimos. El espíritu de nuestra época, huelga decirlo, es el de un fin del mundo que copa todo el presente y cancela el futuro. No en vano recurre Acosta con cierta frecuencia a la referencia bíblica y a la forma de la plegaria en que la repetición engendra un patrón rítmico, dos de las raras herramientas que se autoriza a la hora de armar sus poemas, pero cuya utilización les aporta una fuerza expresiva incontestable y muy especial. En «Irse», por ejemplo, el íncipit de *Cuaderno de otra parte*, la voz del migrante que huye de su país se alza como un ruego: «Bendícenos, Padre, a los enemigos de la esperanza, / a los que nos fuimos, a los que renunciamos, / a los descerebrados por el virus del miedo, / a los que solo vemos en el presente la escoria del mañana». Y unos versos después agrega a este canto de desamparo una estrofa que no quiero dejar de citar *in extenso*:

> Bendícenos, Señor, a los que te hemos traicionado.
> Sálvanos de la pobreza, sálvanos de la desesperanza.
> Sálvanos, Padre, de Barcelona, sálvanos de Madrid,
> sálvanos de San Francisco, de Nueva York, sálvanos
> de Buenos Aires. La beatitud no es más
> que un sueño violento,
> pero tu salvación es puro misterio,
> un gueto abandonado que hemos venido a poblar.

A través de su versión del éxodo y la diáspora venezolana, Acosta nos da a leer, en este y otros poemas del libro, la orfandad, la soledad y la indigencia que forman parte por igual de la experiencia de la migración. *Cuaderno de otra parte* constituye asimismo el punto de encuentro donde el poeta da con nuevos interlocutores. Junto a la divinidad a la que le dirige la súplica de «Irse», aparecen las ciudades que recorre, como en «Una cueva en Londres», o el niño travieso que lo habita, como en «Bark!», o ese progenitor al que le pide cuentas por el mundo que le ha legado, como en «Mi padre está temblando». Con todos ellos habla el poeta en sus versos, aunque quizás el más importante de sus interlocutores en este libro sea el enigmático asno al que le confiesa que no puede dar marcha atrás y volver a Venezuela: «Es miedo, asno-cabra. ¿Regresar a esa isla desierta?, / ¿para qué? No te engañes: el futuro nunca fue / más que un paso en falso. Ya lo sabíamos. // Te lo aseguro: de este lado la nostalgia es imposible, / porque aquí hemos abandonado ya toda esperanza, / y la nostalgia —se sabe— es la hija deforme / de la esperanza».

Premio Ciudad y Naturaleza José Emilio Pacheco de la Feria Internacional del Libro de Guadalajara, *El próximo desierto* (2019) constituye, por de pronto, la más reciente entrega del trabajo de Acosta y una instancia decisiva en su trayectoria. Radicalizando la propuesta que ya trae desde los libros anteriores, su poesía nos pinta aquí un apocalipsis a través de una serie de paisajes devastados por el colapso medioambiental en distintos lugares del planeta. El recorrido nos lleva a una mina de hierro en Australia, al vertedero de basuras más antiguo de Nueva York en Dead Horse Bay, a las playas del Pacífico contaminadas por las radiaciones que resultan de un accidente nuclear o incluso a una lista de los ríos más contaminados de América Latina. «¿Cómo se salva a quien se dirige alucinado hacia su propia ruina?» es la pregunta que se hace y nos hace el poeta en las páginas de este libro. Con él se inscribe plenamente en el movimiento por una literatura del cambio climático junto a las narrativas *cli-fi* y la ecopoesía, pero llevando al extremo su crítica del utopismo y la esperanza modernas como tranquilizantes de las buenas conciencias y pretextos para la inacción. De ahí el epígrafe de Jameson que preside al libro —«We need to develop an anxiety about losing the future»— y de ahí también el título general de esta antología: *La desesperanza*.

Invitado a leer sus poemas durante la COP26 en Glasgow, en noviembre de 2021, Santiago Acosta es hoy por hoy una referencia en el campo de la ecopoesía latinoamericana. Para cerrar estas apretadas líneas, y si hubiera que resumir en unas pocas palabras lo que nos plantea con sus versos, habría que decir que nos encontramos ante un formidable *tour de force*: la paradoja de escribir sobre nuestro desesperado presente sin cortapisas ni concesiones y con tanto ahínco, fuerza e inteligencia como para que podamos sentir que, al final de cada poema, algo sigue brillando en la oscuridad e irónicamente sobrevive. Y es que lejos de todo nihilismo, lo que la aguerrida palabra de Acosta quiere transmitirnos en última instancia es menos una visión de nuestros miedos actuales que la urgencia con que debemos asumir el reto de rescatar de las ruinas del planeta nuestro agónico deseo de un porvenir.

Gustavo Guerrero
París, diciembre de 2023

DETRÁS DE LOS ERIZOS
(2007)

¿Dónde está la grieta, la abertura
imprevista y fugaz como una herida
por donde salir dolientes pero libres
hacia la vastedad insólita?

Armando Rojas Guardia

No te arranques de tu curso detenido

Quédate allí donde el aire
se cría delgado

Que el largo tensar la cuerda
bajo las esponjas del día
sea el único paso que lleves en la boca.

Siempre que hablo te escucho

Dime si tu carne se enreda en mi dedo
o si buscas morderme
brotar del surco de una roca
como una lengua oscura

(Lo que tú abandonas se borra de mi mano).

Germinamos tras las hélices
de la claridad
donde el aire es un brebaje
detenido en la garganta

Hablamos como si tejiéramos
un canto vacilante

La tarde
que se derrama lenta en las paredes
nos recuerda a la leche cortada
a abrir los ojos bajo el agua.

No desarmaré la cáscara
que nos cría
en la mano alzada de la queja

(Heridas de quedarme
en lo tres veces vencido)

Pediré   en cambio
ser el que brota
el que inunda lo
impenetrado
con su lenta canción de vertiente.

Se sabe que el recuerdo
se deshace hasta la trampa

Pero tu rastro es tibio
como si una lengua
fuese en verdad una lengua

(No te hizo un pájaro).

En el cruce de los aciertos
y los hallazgos tardíos
algo detiene la red
que ensayas
frente a mi tropa de mártires

Abrevadero de carroña
no vengas si traes
algo más que tus escombros.

LA CANAL

Dime qué es lo que jadea
detrás de los erizos

Cuál es la fruta oscura
que despierta
sobre la piel de esa torre de algas

Cuánta es la sal que se acerca
para romper el oído
de quien ya no insiste
en el espeso eslabón del aliento.

(El silencio era un anillo de cera
girando en el centro del río

No pude encontrar nada
que no fuera igual a ese reflejo

Hasta los peces
parecidos a carbones pulidos
se habían adormecido
en la clara arboleda
de las osamentas de las vacas).

PIEDRAS BLANCAS

Un hielo oscuro baja por la montaña
del Primer Valle
donde las pálidas frutas del hambre
encallaron como la Virgen de la Roca

Con el musgo en la sombra
cruzamos puentes que revientan
y nos quema
ser los únicos desprendidos
las puertas más limpias.

Entre los cercos de la tarde
crece la piel
de los nunca delatados
incendios

Mandíbula
único arco que se inflama
también tengo que llevarte.

DIAGONALES
(2010)

El poema es una trampa de sentido
que captura nada.

Julio E. Miranda

arriesgar en la veladura / el sentido / curvar hasta lo oscuro / la dirección posible / asolar el canto / mostrarlo acabado / para que brote el color no rojo de la sangre / los animales no formados / la piedra nunca tocada: / este es el ejido / la carne grave / el odre de la imagen.

poema reventado / ápice nudoso / todo cercado de señas / enzarzado en la cisura permanente de la voz / vértice ciego / no situado en la ruta del habla / ah / su tiempo diagonal / piedra de toque / sílaba grabada en mi vértebra / con el buril del sonido.

las palabras no dicen / dice el poema / su habla no acanalada / no transitada / una triza / una cruza / (*a poem is a trap*) / bisagra nocturna / que separa y reúne / arcón que abre lo que el nombre cierra.

circular contra el objeto / en favor del sonido / desgranar lo compacto / (el hastío) / tejerlo en lo que dicen las otras rutas / trazar lo no iluminado / virando el rostro de la voz / guardándola entre el acento y lo protegido.

el poema-légamo / no cribado / ilegible y cenagoso / el poema-anzuelo-de-los-eclipses / lindero de sangre / tiempo insumiso / intocado por mi barrena / bestia ciega / que me aparta de la imagen.

hacer de la sombra un posible acento / un reflejo negado / sosteniendo la voz / esta voz acabada / esta voz / que no puede imantarse a / que no debe ser con / esta voz / donde siempre oscurece / así el sentido: / tajo de niebla / desollado zaguán de nada.

excavado / me ceniza / el espacio sin contornos / las grandes salas solares / llameando obstinadas / en la respiración de la tarde / el espacio sin objeto es / esta anchura barrida / inencontrable / este espacio suprimido / desvencijado / por el esqueleto brusco del poema.

el sueño / decías / es la razón de los monstruos / un huésped que nos entrega a la muerte / somos palabra habituada / o páramo degollado / no leas / me pedías / no mires por dentro / no vaticines.

decir en los túneles / lo que no somos / vernos en las colinas / donde las rocas nos fallan / nos extrañan / (*they miss us*) / como siguiendo huellas no previstas / ¿a qué tantos nombres, tantas cifras? / esto es una prueba de la luz / la grieta restaurando el espacio / valdría más una señal indescifrable.

el espacio es otro nombre del límite / piélago no traspasado / lámina unida a lo desigual / ¿qué más puede surcarse y seguir siendo nada? / ah / cómo no elegir / esta lengua intermitente / toda empantanada de pliegues: / lo señalado devastará las revelaciones.

MAÑANA VENDRÁN LAS PIEDRAS
(2018)

Mañana vendrán las piedras,
el temblor del derrumbe sonando desde lo alto,
arañando a su paso los anchos desfiladeros.

Mañana llegarán las grandes piedras
y ya no habrá dónde dar reposo a la mirada.

Mañana temblarán los cerros como si estuvieran
    a punto de levantarse para meter los pies
    en la orilla del agua.

El cielo en guerra con el barro,
    la montaña en guerra con los caminos.

Mañana reventarán los ríos
    y tendremos que huir hacia el monte.

El mar de pronto parecerá más manso,
    un ruido de fondo apenas.

El río en guerra con los árboles.

El camino en guerra con los muros del puerto.

Un día el aire nos cerrará las puertas
  y habrá que tolerarlo todo, la presión sobre los cráneos,
  la avidez de los enjambres, la pureza negra
  de la desaparición.

Ya comienzan a apagarse las luces
en algunos puntos de la ciudad.

Estar así, completamente a oscuras,
jamás significa un regreso.

(Los apagones no nos hunden en el pasado,
sino en la rigurosa desesperanza del presente).

Esta noche soñamos
con camellos dormidos
en el fondo del mar, con anémonas tejiendo sus
nidos blancos al borde del abismo.

Imposible volver de este desierto. Inútiles son
las lámparas que encendemos,
inútiles las cruces
que marcamos sobre lo ancho del camino.

Solo se puede regresar de lo real. Solo es posible
huir hacia lo que no nos pertenece,
hacia lo menos poblado
de nuestro mínimo territorio.

Benditos nuestros párpados, que nos dan un respiro
de tanta luz colándose por las paredes.

Hoy la noche es una bóveda rajada.

Sí, esto era el futuro: el báculo de la desesperanza
como una flor exterminada.

No hay dónde dejar a salvo los pocos gramos
    de la melaza que mal nos alimenta.

No encontramos un cuerpo para guardar
    el aire que la tierra exhala.

Dónde el zumbido agudo del silencio.

Dónde la fiebre de la tormenta.

Translúcida es la mano que despierta
    entre la basura del desastre
    y no se rinde ante la estrechez de los altares.

En la pantalla del televisor vemos cómo se fuga,
espesamente, todo aquello que creíamos tangible.

Lo real es ahora el verdadero acontecimiento.

Pero siempre han sido las piedras —lo sabemos—
lo que nos contiene
y nos desuella.

En el descampado nos repetimos: Este es el año
de la caliza. Este es el año
de la cal.

La playa se ha convertido en un desierto brillante.

Los desagües pertenecen ya a un tiempo
        que ha sido barrido.

La razón de todo fue
        llegar a este óxido, a la sorpresa del frío
        corriendo veloz sobre los techos.

Los escombros persisten, atentos,
        midiéndonos desde su opaca
        mansedumbre.

Este es el año de los residuos.

De pronto el cielo se provee de máquinas
	y comienza a dejar transparente la sombra.

Lo que éramos
	ahora silba entre las copas de las palmeras.

Esa deflagración.

¿Quién corre por debajo del suelo
y se sube a los techos de las casas
para agitar los ramajes?

¿Quién atraviesa las playas vacías,
los puentes derrumbados?

La muerte habla una lengua mineral y pura.

Si la entendemos
es porque ya estamos en la arenisca.

El hundimiento ha sido evidente.

Lo que era real
hoy se busca a sí mismo como indicio.

Los periódicos hablan de gente que ha contraído
enfermedades prehistóricas.

(Algunas bacterias conversan
en lenguas que ya hemos olvidado).

Nos acostumbramos a convivir
con la putrefacción que trae la brisa.

(Benditas las fiebres que nos acercan más
a la temperatura de las estatuas).

Después del desastre
el mundo continúa ahí, hablándonos.

En unas horas quedará poco
de los muros que bordean la carretera.

Abajo, en el pueblo, los carteles de las pescaderías
se retuercen buscando una sombra
y los postes de luz se curvan para parecer
árboles inclinados sobre la tierra blanda.

A lo lejos alguien quema los restos
de un caserío derrumbado.

Los perros ladran hacia las columnas de humo,
espantando los últimos trazos del amanecer.

Esa disipación.

Este hundimiento.

En el húmedo funeral que ahora son
las calles del puerto, el día parece
replegarse contra los restos de los muros.

Verdaderamente es una membrana frágil lo real,
pero hay una paz que sucede a los derrumbes.

Después de todo, ¿qué sabían de nosotros
estas paredes, ahora devastadas?

Este es el año del basalto, este es el año
de la herrumbre.

El desastre arriesga lo que somos
        incluso más allá de nosotros.

Nos hemos visto en catástrofes
que creíamos haber dejado atrás.

Aún nos reconocemos en el olor
        de las materias descompuestas,
en la lluvia y el azufre.

Y en el humo amargo de las hogueras.

¿Qué es lo que hemos atestiguado?

¿Qué ganamos al permanecer tan serenos,
incluso ante el vacío más resplandeciente?

Después de todo, lo que está delante de nosotros
        nunca es menos que un abismo.

Este es el año de la mirada.

CUADERNO DE OTRA PARTE
(2018)

Los moradores esperan
mientras los falsos desterrados niegan toda esperanza.

ALFREDO SILVA ESTRADA

IRSE

Bendícenos, Señor, a los que tenemos poco tiempo
y mucho futuro.

Tienes que complacernos, Señor, porque así somos,
impacientes y desvergonzados. Porque hemos sufrido.

Ya sabemos que no todo es estar
drogados en las montañas, no todo es
hacer mapas de nada
y pensar en la nada y sentirse vivos.

Lo hemos aprendido por las malas. Hemos cambiado.

Bendícenos, Padre, a los enemigos de la esperanza,
a los que nos fuimos, a los que renunciamos,
a los descerebrados por el virus del miedo,
a los que solo vemos en el presente la escoria del mañana.

Me duele la mandíbula cuando recuerdo
lo pequeño que era mi país.

Mi país era una diosa de cemento
a la orilla de un río envenenado.
Era jugos vaginales, paisajes degollados: intermitencias.

Yo creía que mi país estaba en mi cuerpo,
pero mi cuerpo es incorruptible
y no hay país que sea un cuerpo.

¿Recuerdas, amor, todos esos días viajando solos,
mirándonos a través de ventanas que no eran nuestras?
Solo teníamos que resistir un poco más
y olvidarnos de nosotros.

«Ya tengo en mí los pasajes. Ya tengo en mí
tu pared de calma».
Hold on, darling, you've got to hold on.

Mi país es el poema más grande que he escrito.

Esta ciudad me da hambre, todo me acelera el corazón,
cualquier cosa me encandila durante horas. Ya no soy
el tipo paciente de antes.

En Union Square me he sentido un ácaro industrial,
un parásito de hierro manchando de óxido
la entrada de una boutique.

He llorado, me he quedado ciego,
estuve en coma, puedo jurarlo.

Esta ciudad me hace adorar la falsedad y la cólera.

Camino de noche y lo quiero todo,
quiero la sangre de la vida.

Odio mucho, pero odio con glamour.
Soy la mitad de un fantasma y el mundo me sigue
    ofreciendo la vida.

Irse, porque no soportamos el silencio del sol,
la carne indiferente del universo.
Irse, porque lo perderemos todo
si no nos partimos los huesos.

Ocean Beach, hay barcos formidables
deslizándose detrás de la bruma.
Duele seguir con la mirada esos ángulos rectos, los
    veloces *containers.*
Hay látigos verdes sobre la arena, cadáveres translúcidos
y dementes que agitan los brazos entre las olas como
    babosas de mar.

Salivamos. Huimos. Solo pienso en salvarme, no en
    hacer caminos.
No hay caminos; hay cosas pasando,
ruido. Mis oídos no soportan
el alarido de los rieles cuando atravieso la bahía.
Las grúas se iluminan, la bahía se ilumina.
Así son los puertos de Oakland. Blancos. Lejanos.
                        Veo esas cosas y enloquezco.

Irse, querer cualquier cosa,
despertar con un agujero en la mano
y sentir que llevamos veintinueve millones de años
esperando el gran *meltdown.* Un final bello, monstruoso.

Estaremos bien, no nos perdamos.
Nuestras crisis son las mismas
y todas las ciudades se caen a pedazos.

Escúchenme bien, lo diré una vez más: todas las ciudades
se caen a pedazos. Solo permanece el deseo.
Mi deseo está ahí, deseándome como loco.
Me encanta distinguirlo, poseerlo, recorrerlo.
Lo violaría con ruido,
sintiendo en mis manos su piel tibia, su extensión sedienta.

Bendícenos, Señor, a los que te hemos traicionado.
Sálvanos de la pobreza, sálvanos de la desesperanza.
Sálvanos, Padre, de Barcelona, sálvanos de Madrid,
sálvanos de San Francisco, de Nueva York, sálvanos
de Buenos Aires. La beatitud no es más
que un sueño violento,
pero tu salvación es puro misterio,
un gueto abandonado que hemos venido a poblar.

La costilla de la ciudad es un viento gris.
Los barcos se frotan como gatos, se untan de almizcle.
Quise buscarte entre la arena
y me quebré en dos como un pez verde.

Dime qué somos, amor, fuera de los barcos.
«Soles pacíficos, mujeres de piedra». Todo es errancia,
no saber lo que se dice, perdernos en la ciudad
todos los jueves, extáticos, buscando una planicie,
lugares anchos para respirar y redimirnos.

CARACAS

Mira qué grande cómo las avenidas
lamen los hocicos de los aeropuertos.

Mira esta ciudad de historia nueva,
de mujeres y hombres nuevos.
Dime si no es grande.

Caminamos junto a los edificios, les rezamos,
les pedimos la eternidad y la chispa de la locura.
Les debemos la espiral negra
de los estacionamientos, los motores
que cada día nos elevan con sus ladridos perfectos.

Mira qué grande. Cómo me gusta esta ciudad.

En San Francisco me cansé de la misma sonrisa idiota
repetida en todos los rostros. Nueva York es
un espanto agotador, un martilleo cruel en las costillas.
Ni en Buenos Aires ni en Bogotá ni en Madrid
vi árboles tan saludables. Barcelona es un mito,
una ciudad simulada, un corredor
de bohemios malnacidos que se ahogan en el mar.

Yo amo el amor asesino de los motorizados,
los taxis piratas, el olor agridulce

de los camiones de basura a las doce de la noche.
Amo el aire acondicionado de las salas de espera
(su rumor de *basso continuo*),
el llanto de gárgola de los bebés,
el estruendo de los patios a la hora del almuerzo.
        Amo las braguetas abiertas de los mendigos
en las ferias de comida, el himno pastoso de la mugre,
las oficinas inflamadas y transparentes
cual supernovas que nublan el vacío
como el halo amarillento de los postes de luz.

Adoro el miedo, carburando en las aceras al amanecer.
Oh, miedo, mi único proyecto,
                                        mi última fiebre.

Leyendo a La Loca
mientras espero que termine de llover,
recuerdo a un viejo conocido que murió apuñalado
en la Semana Santa del año 2021.
        Pero él mismo se lo buscó, sí señor,
por no saber lo que es un psicópata,
qué clase de carros manejan,
qué armas llevan con ellos todas las noches,
qué son capaces de hacer si se te ocurre
mirarlos a los ojos,
qué significa si aceleran a todo dar.

        Caracas, estoy detrás de tus rodillas,
con la joroba llena de dolor.
Yo era para ti. Acércate y calma mi dolor, acaricia mi pelo.

Este es nuestro tiempo, pero te haces vieja,
lo dicen mis amigos, mis amigos derramados,
descuartizados por todo el planeta. Mis amigos lejos de ti
y de mi corazón.

De mi supremo ojo saltan monedas,
de mi supremo amor
cae el peso de tus ruidos industriales. Eres una
autopista dorada, el mármol negro de la aceleración.
Yo soy tu órgano rojo.

Odio los amaneceres. Odio la brisa y la luz de la mañana,
con su nitidez intacta que pretende burlarse de mí.
«Esta es mi lanza,
esta es mi bicha —digo, como Arquíloco—,
apoyado en ella bebo
y con mis músculos desafío a los barcos».

Así espero (esperamos) durante siglos la llegada
del fantasma de Dios, el más evolucionado
de todos los simios. Oh, Cristo verde, mutante
resucitado
que vendrá a incendiar nuestra ciudad.
Pero yo le partiré la cara.

¿Habrá ciudades después de la muerte?
¿El cerebro es como una ciudad?

Las paredes laten con firmeza, se calientan. El futuro
es un pozo de negaciones, una vena que no brota,

una cifra escrita en la vigilia. Estamos locos,
pesa el intestino bajo los ojos,
pesa la cáscara del desaliento.
El hastío nos revela el pulso concreto de las cosas
y en el torpor de la noche comprendo que soy
varios poetas,
tres y cinco de la mañana, ahora entiendo
que soy
mis dedos poetas,
mirando como yo una pantalla luminosa,
bebiendo como yo, masturbándose como yo
en la noche ciega de Caracas.

Mira qué grande.

Bajo este cielo justo nos tumbamos,
estamos tumbados,
y en nuestras manos se hincha
el glande robusto de la felicidad.

LO MEJOR ESTÁ POR VENIR

I

Algunas noches he estado loco, amor,
pero nunca he estado tan loco como esa noche
al salir de El Rio.

        Algo oscuro me llenaba el corazón,
algo tembloroso y cubierto de escamas, como el primer
síntoma de una condición heredada.

Apenas recuerdo fragmentos de las cosas que dije
mientras bajábamos por Mission St.:

Mi semen no es veneno. Mi semen es la ingle de la tierra,
la línea donde se pliega el espacio. Pueden confiar en él,
        pero está bien si tienen miedo, de eso se trata.
Escuchen mi voz y les mostraré un pedazo de historia.

Dije cosas preciosas. Lo dije todo,
lo canté a gritos, como un ganso con los ojos fríos.

Luego me quise ir de nuevo, mi frente vibraba.
Ya sabía que era demasiado tarde.
Tuve que detenerme para mirarte y decirte:

«El sol nos convertirá en polvo, amor,
debemos tener hijos pronto».

Una pelambre espesa me cubría el hígado.

En ese momento mis amigos se acercaron
para decirme: «Tranquilo, hermano»,
y yo bajé la cabeza y seguí caminando.

Todos están de paso, tarde o temprano
dejarán esta ciudad. Yo les debo la vida,
pero solo les he traído problemas.
En sus voces escucho cosas que jamás diré.

Sus labios me gritan: «Soledad, tu única esperanza».

Mis amigos, nadie puede con ellos.

Mis amigos.

II

No sé, Viejo, aquí la gente es extraña.
Nadie entiende a nadie, somos como
ángeles consumidos por el hastío y la pobreza.

Tú sabes que yo era un tipo tranquilo,
que no me dejaba seducir por el futuro.
Ahora prefiero no hablar de eso.

No he dejado de vagar de una ciudad a otra, siempre
hambriento y aterrado. Atravieso callejones
y siento que me muevo bajo una piel callosa.

No sabes lo lejos que estoy de todo,
todo el tiempo, en cualquier parte.
Mis labios están lejos, siempre estoy lejos.

No sabes cuánta mierda he sido capaz de aguantar.
He combatido perros, he combatido el frío en los trenes,
he combatido venados. Los venados son temibles,
les cuelga una lengua flácida y blanca
y orinan las paradas de autobús
cuando se pasean de madrugada.
La luz de los carros los ilumina,
la bahía los ilumina, yo los ilumino

cuando aparecen de pronto,
detrás de los contenedores de basura.

Este mundo es una puta enferma.

Hay peces muertos en las aceras, manchas de gasolina.
Hay mujeres —eso sí— para toda la vida,
pero siempre bajo la sombra de palmeras decapitadas.

No sé, Viejo. Tienes que venir a ver esto.

Deberías venir tú mismo a ver esto.

III

California, nos has hecho rabiar de placer.
        Nos regalaste el paraíso de las compras a crédito,
los cubículos de Silicon Valley a quince dólares la hora,
los picnics temerosos de la neblina
en lo más alto de Dolores Park
y el litro de vino a tres noventa y nueve
en los largos y luminosos pasillos
de Safeway a las dos de la madrugada.

Nos diste el centro cálido de una paz doméstica.

Esto es verdad —y se agradece—, pero hoy
hablo desde el corazón, hoy mi vientre
está borracho y habla.
Podría decirlo todo esta noche
porque hoy hablo desde el hígado.

Ah, mi corazón no tiene arreglo.

Hoy hablo por ustedes.

Lo mejor está por venir, créanlo. Estaremos bien.
        Yo creo en la gloria.
Soy el nieto de la sangre, soy la hermana del hierro,

soy diamantes.
Yo soy el fruto verde de la barbarie.

California, voy a soñar
con tus gaviotas grises y criminales.

IV

(Colocar cuidadosamente Torres de Sutro por todo el planeta).

V

«Piensa con el pensamiento, pues, huevón»,
me decía Harold por décima vez aquella noche,
mientras nos tomábamos la sexta cerveza
en el patio trasero de El Rio.

Esa noche no esperábamos nada,
no íbamos a ninguna parte.
            Se podía escuchar a través de las rendijas del muro
el clamor de una ciudad igual a cualquier otra.

Hablábamos de plantas amargas, de ciertos tipos de cactus
y flores tóxicas. Aprendimos que ambos sufríamos
de los mismos lenguajes que hervían
frente a nuestros ojos en las noches de insomnio.

Lo real nos hacía dudar.

¿Quién dice que no nos odiaremos mañana?
¿Quién dice que no nos mataremos a golpes
            en cualquier momento?

«Piensa con el pensamiento, pues, Santi».

Después nos fuimos a buscar el último bar,
caminando bajo los elevados de concreto,
haciendo planes para reencontrarnos dentro de unos años
en esta misma fecha,
en ese mismo bar,
sabiendo que ninguno cumpliría la promesa.

VI

El pasado es un error, un territorio continuo de errores.
El presente es nuestro país, pero nuestro reino
es el futuro.

Seamos buenos. Permanezcamos juntos,
hoy, todos los días.

Estaremos bien, aunque tendremos que
ahogarnos allá afuera, soportarlo todo,
        aullándole al viento bajo la nieve de las pesadillas.

Cada noche pienso en todo esto.

Y en que somos inocentes. Extraños, pero inocentes.

IMAGINA UN ASNO GRANDE

I

Hermano, por favor,
imagina un asno grande, deslumbrado
por un suelo sagrado. Un asno de oro, al trote,
acercándose a comer de nuestra mano un sueño dulce
—parecido a un pequeño tubérculo amarillo—,
que cruje sonoramente al fondo de su mandíbula.

Imagínalo. Piensa que lo tienes a la distancia de un brazo.

¿Por qué quieres volver a esa tierra santa, asno?
¿A qué le temes?, ¿a quién? No huyas.
En tu isla estarás solo. Allá
nunca ha ocurrido nada, solo el horror y el vacío.

Es miedo, asno cabrón, es puro miedo.

De este lado, en cambio, sí ocurren cosas.
Hay estelas de fuego cruzando el cielo nocturno,
iluminando los grandes anuncios de vodka
que cubren las fachadas de los edificios. En esos anuncios
estoy yo y estás tú.

Aquí sí pasan cosas, burro. Bebemos y bebemos
el negro ron de la madrugada. Nos ponemos eléctricos,
insultamos a la muerte. La muerte es
un maestro de Delaware, su ojo es verde.
Y nosotros bebemos y bebemos el negro ron del amanecer.

Demasiadas veces hemos comenzado desde cero,
dejando todo atrás, tranquilamente.

Es miedo, asno-cabra. ¿Regresar a esa isla desierta?,
¿para qué? No te engañes: el futuro nunca fue
más que un paso en falso. Ya lo sabíamos.

Te lo aseguro: de este lado la nostalgia es imposible,
porque aquí hemos abandonado ya toda esperanza,
y la nostalgia —se sabe— es la hija deforme
de la esperanza.

Quédate, asno. Las cosas pasan por algo. La vida
pasa por algo.

Vamos a caminar, vamos a beber.
Dentro de unos meses nos reiremos de todo esto.

Cómo nos vamos a reír de todo esto.

II

Después de todo, aquí seguimos, Hermano,
tomando un poco de ron en esta playa gris.
Ya se han ido los turistas y solo queda el rumor
de la autopista cercana, el graznido hambriento
de los cuervos y la luz anaranjada de los restaurantes
cayendo suavemente sobre las aceras.

Eso es, así vivimos.

De vez en cuando, si logramos reunir algo de dinero,
escapamos de la ciudad por un fin de semana
en busca de desfiladeros amplios y desolados,
parecidos a fondos de pantalla
que cobraran vida a nuestro paso.

Carreteras llenas de hordas nómadas
haciendo escándalo por los caminos.

Despertamos tarde, recordando apenas
tres tazas del *bourbon* más barato de Kentucky
y un nombre de mujer que nos pareció vagamente azteca.

Monterrey huele a pescado muerto
y la única librería de Half Moon Bay está abarrotada de

manuales de jardinería, novelas de Danielle Steel
y libros sobre Half Moon Bay.

No hay revelaciones, no hay arbustos quemándose
ante nosotros en estos viejos hoteles
llenos de viajeros solitarios
que meditan a la orilla de los ríos y estudiantes pobres
que pagan con cupones de descuento
y se roban los libros que adornan las estanterías.

Está bien, al menos ya nada es como antes.

De jóvenes perdíamos el tiempo como bestias.
Pensábamos demasiado, nos hundíamos
en el pantano de las palabras
para salir apestados de incertidumbre,
una y otra vez, incansablemente.

¿Cómo soportábamos tanto estruendo?
Siempre atrapados en peleas, siempre
rebuznando en las calles.

Mira todos esos asnos grises, corpulentos.
Con qué seriedad han invadido
el desierto de la península.

Se atraviesan en el camino con una elegancia indiferente,
de asnos. Relucientes, gordos, tristes.

De vez en cuando
se ve uno derrumbado al borde de la carretera,
con la barriga abierta, las tripas expuestas al sol.

III

¿Quién podrá decir si están bien los sueños que comemos?

¿De quién es la mano que nos los acerca a la boca?

¿Alguien podría decirlo?

IV

Solo en el recuerdo es tolerable la patria
o si la vemos desde lejos, como a través
de un pesado vidrio que salvaguarde la distancia.
        Solo entonces se hace legible
y toma cuerpo en forma de pequeños rectángulos
transportables como tarjetas postales
o pequeños *souvenirs* de aeropuerto.

¿Qué es, finalmente, lo que dejamos atrás?

¿De qué nos salvamos?

¿Cuáles eran las palabras que nunca debíamos olvidar?

Los años, ya lo ven, nos han enseñado poco.
        Hasta ahora solo hemos aprendido
a callarnos cada vez más,
rumiando muy hacia dentro unas pocas certezas:

El cielo, por fin, nos ha olvidado.

La saciedad nos separa, el hambre nos une.

La verdad podrá salvarnos, pero jamás nos hará libres.

No vivimos de una tierra sino de su deseo,
no queremos un territorio sino su alucinación.

V

¿Dónde estás, asno grande, asno cabrón?

¿Adónde te fuiste,
asno trasegado, asno-túnel, asno-píxel?

¿Desde qué lugar nos observas?
¿Con qué ciudades sueñas ahora?

Ven acá, burro, ven por tu ramita de pasto mugriento,
toma tu pedacito de yuca podrida,
tu cubito de ocumo crudo.
Vamos a dormir, vamos a llorar un poco.

Todo lo que queremos, eso no llegará nunca.

Así recordaremos estos años:
carreteras sin nombre atravesando un desierto lujurioso,
y bares llenos de gente, cantidades industriales de gente.
Ángeles insolentes, trágicos, desmayándose
sobre los urinarios, bañándose en las calles inundadas,
mendigando unas monedas
a las puertas de las universidades,
celebrando por igual la gloria y el desaliento.

MI PADRE ESTÁ TEMBLANDO

I

Mi padre está temblando.

La vida es una carrera —me dice—,
pero nunca verás dónde termina
ni contra quién estás compitiendo.

Solo debes saber
que avanzas derecho hacia un ruido inhumano.

Allá no encontrarás amigos, ni siquiera los busques.

        Tu generación
solo piensa en beber té con galletitas a la orilla del Sena.

Ellos se han tomado selfis junto al Mediterráneo
con cara de satisfacción. Ellos te quebrarían el cuello
usando solo dos dedos
y luego vomitarían de horror.

Pero no tienes por qué ocultarte. No pueden hacerte daño.
No pueden contigo.

Tú has visto las primeras generaciones
de quienes se han salvado de la pobreza. Conoces
los sueños homicidas de las ancianas de Brooklyn
y los delirios de grandeza de quienes han tomado
las academias por asalto.

Tú ves a quienes entran en los templos
con flores en el pecho,
huyendo desesperadamente del futuro. Y les dices:
        «Escóndanse, no vean nunca los amaneceres».

Si tuvieras la oportunidad
te irías a pescar centollas a Alaska,
te unirías a la enorme, gozosa familia
de un ejército internacional
        o te harías obrero y pasarías horas
en comedores vacíos y hostiles
escribiendo poemas sobre
la profundidad de un remolino de cemento fresco.

Recuerda siempre todo eso
y no te pierdas.

Sé bueno.

Tú has visto cosas,
has visto todo eso que aparece en los libros.

Tú ves a los maníacos, tú ves
a los oligofrénicos. Son tus hermanos.

Son tus hermanos.

II

Mi padre está delirando.

Mi generación —dice— le debe la vida a un puñado
de héroes sufrientes,
ídolos lejanos que se dieron el banquete de la guerra
        y murieron jóvenes, radiantes y hambrientos.

Los héroes de hoy están cansados del triunfo,
hartos de estar siempre en el tope de la vida.
Los veo salir a la calle con los ojos inyectados,
dando vueltas sin rumbo:
        «Creo que soy el hijo del sol —dicen—, siento
que lo soy, siempre lo pienso.
Amo sus leyes, me excita su rostro de acero».

Nosotros, en cambio,
soñábamos con ser los últimos sobrevivientes
de un desastre nuclear, temblar bajo los rayos gamma,
orinándonos sobre las últimas brasas de lo real.

(La lluvia radiactiva tiene algo bendito y justo).

Está bien. Yo los perdono y les deseo lo mejor.

Yo bendigo sus almas, sus almas negras.

Después de todo,
la vida que nosotros queríamos vivir ya ha muerto.

De eso estamos seguros.

III

Mi padre está hirviendo.

Te lo voy a decir
una sola vez —me advierte—. Una sola puta vez.

Tu verdadera, tu única manada
conoce el sabor rancio de la soledad. Esa culpa.

Por eso sueñas con los vagabundos que todas las noches
llevan canciones a las puertas de los bares:
I left my home in Georgia, headed for this goddamn bay!

Tus verdaderos amigos conversan al atardecer
con sus padres muertos
en los jardines de UC Berkeley
y han ido a ver lo que pasa allá arriba, mucho más al norte,
después de la parada del último autobús.

No escuches a los poetas de tu generación, esos chicos
no pueden decir nada si no va a aparecer impreso
en tipografías exquisitas, encuadernado a mano,
vendiéndose en las librerías de Nueva York,
Barcelona o Buenos Aires. «Gracias, muchas gracias.
Todo lo he hecho por mi país, que tanto amo».

Otras veces prefieren la fotocopia salpicada de cerveza,
rodando por los bares y pasajes subterráneos
de Latinoamérica. Es igual. «Aplausos, aplausos,
solo estamos aquí por los aplausos».

Está bien, es lo único que les queda. Yo los perdono.

Míralos a los ojos, míralos bien. Cuéntales tu historia,
pero no reveles demasiado. No los juzgues.
Nunca les des la espalda.

Odia y desprecia cuanto quieras,
pero hazlo con mesura y elegancia.
Confía en la contextura de tus nervios.
Nadie puede contigo.

Anda, pues. Tómatelo con calma,
sal y encuentra la vida, recorre las calles
y saborea la espuma de los tiempos.

Solo deja algún día de hacer el imbécil.
Pon orden y por favor intenta
que no te despidan de tu trabajo antes de lo previsto.

Has estado demasiado tiempo bajo el agua,
intentando respirar entre algas prehistóricas.

Ven, vamos a beber y luego a dormir.
De cualquier forma,
ahora no hay manera de saber nada.

Y ya sabes que aquí estamos.

IV

Mi padre está congelado.

Así lo encuentro, seis mil años más tarde,
dentro de las ruinas de un antiguo resort en lo más alto
de Woodstock, N. Y., bajo un cielo de invierno
que parece podrido, envenenado.

Allí están su corazón y sus articulaciones,
su barba suave, sus manos blancas,
su mandíbula incrustada de diamantes.

Padre-mamut, padre siberiano,
las cuencas de tus ojos me miran
detrás de una lámina de hielo amarillo como la sangre.

Ah, padre-fósil, padre mío.
Perdóname, eres bello. Perdóname una última vez.

Antes me aburría esperando,
pensando que era tiempo de celebrar, de pasarla bien.
Pero hoy le pido demasiado a los días que vienen
y me atormenta saber
que el futuro es lo único que nos queda.

Despierta, Padre, levántate y habla.
Este es nuestro momento, tienes que comprenderlo.
Hoy nuestro corazón está inflamado y todo nos distrae.
No vale de nada quedarse admirando
desde tan lejos los disturbios.

Danos más desastres, danos
la saliva negra del miedo.

Te lo rogamos, Padre, aquí te esperamos,
puliendo nuestro idioma de plata
al borde de un agua sucia.

UNA CUEVA EN LONDRES

En toda aventura hay momentos
de animación suspendida, ratos vacíos
en los que nos sentimos como si esperáramos
que un pez mordiera finalmente el anzuelo.

Vemos por la ventana del avión el humo blanco de una
fábrica cercana, el trazado de un largo camino de tierra
sobre el mosaico de enormes sembradíos
o, en la pantalla frente a nosotros, el mapa que nos dice
dentro de cuánto tiempo llegaremos a nuestro destino.

Trípoli, Estambul, Burdeos son apenas
puntos amarillos sobre un fondo verde.

No conozco a nadie en esas ciudades, pero algún día
entraré en todos esos bares
y dormiré largas siestas en todos esos parques.

Aterrizo en Londres y me subo a un tren
que me lleva directo al Aviary Bar.

Londres está bien. Hacía falta un cambio de escenario.

Me gusta el aire melancólico de las fachadas antiguas,
la sensación de que todo está viejo y mugriento,
cubierto de una saliva opaca. Ese prestigio.

Admiro la decoración del bar. Luces esmeralda,
paredes que imitan el interior de una cueva,
cada rincón cubierto de plantas de plástico
y alfombrado de rojo.

Me conmueve todo lo que es seriamente ridículo,
como este bar en donde una cucharada de whisky
cuesta ocho libras y sabe a agua de urinario.

What's your surname?, pregunta el bartender mientras
toma mi tarjeta de crédito. *What's in a name?*
Excelente pregunta
para hacerle a un borracho a estas horas.

En todas las ciudades hay un bar tan deplorable como este.

Lo adoro.

Suena «Empire State of Mind», Jay-Z y Alicia Keys
desgarrándome el corazón a las tres de la madrugada.
Now you're in New York / These streets
will make you feel brand new.

Antes soñaba con una postal familiar: dos hijos y un perro,
una esposa fiel, un jardín para asar carnes rojas
durante el verano. Hoy no estoy tan seguro.

Tal vez el mundo no sea sino una repetición continua
de las mismas tres o cuatro cosas
(y dije cosas, no imágenes ni metáforas):
        un bar con lámparas esmeralda,
        un río contaminado,
        un olor a cebolla frita que nos alcanza
al cruzar la calle.

Londres, *I love you, but you're bringing me down.*
Cualquiera diría que estoy loco, pero solo estoy borracho
y me enamoro hasta de las alfombras.

Ah, la irremediable cercanía de uno mismo.
        Querer reproducirse como el liquen o como
un enjambre de langostas.
No dormir, irse caminando a tomar el último tren,
        buscando siempre una manera distinta
de perderlo todo, de aniquilar en uno las fantasías
para poder fundar, finalmente, el desierto que queremos.

BARK!

I

Hay un pequeño niño retrasado que vive conmigo,
un niño *borderline* que me acompaña a todas partes
y nunca deja de meterme en problemas.

La gente nos ve y no se imagina que fue él
—con su piel mugrienta y su cara de indio temeroso—
quien me enseñó a robar en las librerías,
a destapar con los dientes las botellas de cerveza
y a disparar una cuarenta y cinco
sin cerrar nunca los ojos.

Cuando nos emborrachamos salimos a la carretera.

        Él se acuesta sobre el asfalto
y yo tiemblo a un lado del camino, imaginando que
viene en nuestra dirección una flota de autobuses
cruzando a toda velocidad el desierto.

Por eso a veces no me queda más remedio
que agarrarlo por el cuello y darle una y otra cachetada,
una por cada estupidez que hace, gritándole:
«¡Mira lo que haces, retrasado!».

Pero se me quiebra la voz, se me aguan los ojos.

No puedo evitarlo, siempre he sido un sentimental.

II

A veces nos gusta quedarnos en casa todo el día,
tomando cerveza y poniéndonos al corriente
con viejos *reality shows.*

Esta noche son dos los perros rescatados
de un criadero ilegal oculto
en algún pantano de Florida.
Uno de ellos no deja de mirar fijamente a la cámara,
mientras el otro, más grande y menos miedoso,
está sentado al fondo de un pasillo oscuro
evaluando la situación con cautela.

Nos conmueven esos animales,
sus gargantas heridas de tanto llorar en las noches,
por más que desde hace tiempo ya nadie los escuche.

Solidarios, ladramos con ellos
—*BARK!*—
después de cada cerveza
—*BARK!*—
para calmarles el dolor.

Dos perros huesudos, dos perros enfermos,
cercados desde siempre por los pantanos de Florida.

¿Cuál soy yo y cuál eres tú, mi pequeño retrasado?
¿Alguien podría decirlo?

III

Mi niño retrasado es más bien guapo,
aunque la mala vida le ha dejado un par de ojeras
profundas y carnosas
que le dan un aire desesperado.

En las noches de lluvia
no logra —o no quiere— conciliar el sueño
y se queda llorando inconsolablemente
frente a la pantalla del televisor.

Pequeño retrasado, dime dónde
está tu madre. ¿No tienes amigos?
¿Qué haces aquí todo el día encerrado,
causando destrozos en mi casa?
¿Por qué sigues despierto a estas horas?
¿No sabes que mañana es día laborable?

Bájale un poco el volumen al televisor y deja de llorar.
O mejor súbelo y vamos por otra cerveza.

«No me vas a creer —le digo para animarlo—,
pero en mi vida solo he estado en tres peleas,
dos ganadas y una perdida. Ningún nocaut».

«¡Aún hay tiempo!», me responde
emocionado y levantándose de un salto.

Perdóname, mi querido *borderline*,
no quise abofetearte otra vez.

Dos ganadas y cuántas perdidas.

En Navidad te regalaré una corona de espinas
y haremos una fiesta dentro de tu hermoso
y lesionado cerebro.

Tienes que perdonarme, niño sagrado.

Yo soy tu hijo idiota, tu bestia de carga.
Yo soy tus nervios de arena.

IV

Orinar desde las azoteas de Washington Heights
sobre los grandes parques nocturnos.

Saturar con nuestros ladridos
todas las estaciones de radio
las madrugadas en que amanece demasiado pronto.

Conmovernos ante el horizonte difuso
de los días nublados, pensando que
preferimos —es verdad— los ángulos nobles,
las regiones intermedias, donde ya nada
de lo que se sabe es cierto.

Tendremos que ser valientes, mi pequeño vándalo.

Hay que salir por las puertas con la firme convicción
de que todo ha cambiado,
pero a la vez todo permanece igual.

Tú y yo, mi pequeño.

Tú y yo y los perros torturados.

POETAS
(A Venezuelan Psycho)

Tengo treinta y tres años y ya he alcanzado todo lo que quiero. Lo que no he alcanzado, nunca lo quise.

Soy emprendedor, soy ambicioso. Nunca dejo pasar una oportunidad.

Me levanto temprano todas las mañanas. Siempre sé exactamente dónde estoy y hacia dónde me dirijo.

Soy útil.

Sé cuánto dinero tengo en el banco, nunca pierdo la cuenta. Llevo un registro de todas las conversaciones electrónicas que he tenido con mis amantes.

Soy talentoso y original. Lo sé porque me invitan a conferencias donde mis intervenciones siempre son polémicas.

Todas las mujeres que me conocen me han amado. Los animales también.

Me encanta ir a todas partes con mi chaqueta de cuero negra. Me gusta hacerlas rabiar de deseo con el olor de mi chaqueta negra.

Limpio mis botas con un cepillo de pelos de jabalí.

Es verdad.

Soy tolerante. No soy perezoso.

Jamás me enfermo, tengo una salud de hierro.

Soy encantador, soy un galán. Siempre causo sensación donde voy.

Soy el más duro, nadie puede conmigo.

Me afeito solo una vez a la semana para tener siempre una barba tenue, muy sensual. Los días en que me afeito no salgo de casa para que nadie me vea sin esa sombra de misterio en el rostro.

En general intento no salir a la calle para no perder este aroma de animal encerrado, que dice claramente: «No me interesa el mundo de afuera,

yo soy pura profundidad,

un pozo sin fondo».

Me aburren las personas interesantes.
No me importan, no las amo.

Mis amigos, en cambio, son gente de primera. Me invitan a pasar los fines de semana en grandes casas a la orilla del mar, frente a playas aisladas y solitarias, muy al norte de Nueva York.

He pasado veranos enteros en lugares como esos.

En los días más calientes abro las ventanas y dejo que entren las moscas. Me gusta dar espacio a esos seres minúsculos que le dan vida a la casa con su forma mugrienta de posarse en los restos del desayuno o sobre la espuma que se fermenta en el borde de la licuadora.

A veces me encargo de cuidar algún perro, regarle las plantas al vecino o recibir a inquilinos pasajeros con una sonrisa y un manojo de llaves en la mano.

Así somos los poetas, los de verdad, los de buen corazón.

En invierno la nieve sucia acumulada en las aceras me recuerda lo difícil que es hablar, lo lejos que están todas las palabras.

Puedo escribir dos libros en seis meses, cinco libros en un año. Pero no puedo decir que me interese la poesía.

La poesía es el género más pobre que existe.

Los poemas que escriba a partir de ahora
parecerán bichos celestes,

como las escolopendras de Aimé Césaire, y serán ruidosos y viriles, como un Mustang de 1968 rugiendo su milagro en el aire vibrátil del infierno.

Quiero conocer al superpoeta del mañana,
feroz y célebre como un virus.

Yo he olido la mugre concentrada en las habitaciones de todos los viejos desquiciados que componen nuestro canon.

Fui besado en las manos por la viuda de un poeta que acabó sus días encerrado en un manicomio. Me decía: «Gracias, gracias», mientras me enterraba en la carne sus anillos dorados, contagiándome del azufre de su perfume.

Una poeta que casi muere por culpa de su psiquiatra me regaló la mitad de su biblioteca. Metía uno por uno en una bolsa los pocos tomos que habían sobrevivido a una reciente inundación. Mientras tanto su perra, hambrienta, me lamía las manos.

Estuve sentado en la silla de ruedas de un poeta que murió mudo y deslumbrado. Nunca lo conocí, pero pude dar un par de vueltas en esa silla póstuma, manchándome las manos de un polvo negro y denso que aún recuerdo.

Todos los poetas han terminado muy mal, todos han muerto de la misma hambre atroz.

Yo tengo treinta y tres años y ya lo he conseguido
todo en la vida, ya estoy donde quería.

Tengo treinta y tres años y todos los poetas yacen,
congelados, detrás de una lámina de hierro
negro como la sangre.

Paul Celan está muerto.

Gregory Corso está muerto.

David Lerner, Peter Orlovsky y Jack Spicer están muertos.

Bob Dylan, Leonard Cohen, muertos.

Antonio Cisneros está muerto.

Antonio Gamoneda está muerto.

Manuel Vilas está muerto.

Rita Valdivia está muerta.

Emira Rodríguez está muerta.

Igor Barreto está muerto.

Juan Sánchez Peláez, Rafael Cadenas, José Barroeta, todos
han muerto.

Tengo treinta y tres años
y todos los poetas tienen muy mala estrella.

Tengo treinta y tres años y todos los poetas
yacen muertos, muertos, muertos, muertos,
al fin y para siempre muertos,
detrás de una lámina de papel tan blanco como la sangre.

HISTORIA DEL NORTE
(*Afterwardness*)

I

Hermano, por favor,
imagina el siguiente comienzo
de una historia aleccionadora:

Una mañana, tras despertar de un sueño intranquilo,
nos asomamos a la ventana y descubrimos
que ha desaparecido el Norte.

Sin embargo, no se apodera de nosotros la confusión.
No entramos en shock.

Tal vez —nos decimos— tendría que haber ocurrido
una catástrofe.
Tendría que haber máquinas descompuestas,
llamaradas de hollín en las paredes,
viejos y enormes letreros desplomándose al suelo.

Pero no. La desaparición
ha sido paulatina y silenciosa, como un eclipse

que hubiéramos estado deseando en secreto.

De alguna forma ya lo sabíamos.

Ya sabíamos todo esto.

II

Esta es la descripción del umbral en que nos encontramos.

La última frontera no estaba entre el bien y el mal,
ni entre la verdad y las apariencias,
        sino entre la vida y la propaganda.

El Norte tenía que desaparecer
y nosotros con él.

Ya no más soñar con la garganta inmortal de Vera Hall,
el piano descompuesto de Cecil Taylor,
los dientes reconstruidos de Lightnin' Hopkins.

Ya no más querer cruzar el desierto
en el taxi endemoniado de Bob Kaufman.

        Hay que reconocer, Hermano,
que no sacrificamos nada al irnos. Apenas
un par de corredores llenos de libros,
el resplandor dorado de los techos de zinc,
la oportunidad de dar de comer en el pico
a la misma bandada de pájaros largos y bulliciosos
cada día, a la misma hora.

Has venido al lugar del riesgo, Hermano mío,
a la ciudad donde todo se desmorona.
Imposible conocer a nadie,
        imposible creer en nada.

Solamente son mutuos el arrasamiento
y una serenidad final.

III

Amnistía. No más perspectivas desoladas.

Es 2017 y ya pronto serán seis años
living the dream, fatalmente.

Esta ciudad nos tiene de rodillas, ya lo he dicho.
Todos los jueves la misma fiebre sin término.

Nueva York, estamos en tus pupilas,
con la garganta llena de dolor.

No hay registro, no hay una superficie donde inscribir
nuestros mayores triunfos,
mucho menos nuestros errores pasados.

Tampoco hay motivos, solo fuerzas
y los mecanismos sordos de la memoria.
Afterwardness.

Lo único que nos queda es el placer del olvido,
el goce espléndido de no saber,
de no tener idea de lo que se hace.

Algún día el pasado será una fiesta
y los años de caos y vacilación, vividos sin decir
una sola palabra, parecerán más justos.

Está bien, no hay escándalo en eso.
Son tiempos voluptuosos.

Esto apenas comienza.

EL PRÓXIMO DESIERTO
(2019)

We need to develop an anxiety about losing the future.

FREDRIC JAMESON

NUNCA ENTREGUES TU CORAZÓN A UNA PLANTA NUCLEAR

Los bares están cerrando.

Desde la ventanilla del taxi que me lleva de vuelta a casa veo las luces de la ciudad reflejándose sobre la bahía.

A mi derecha, apartamentos de lujo completamente vacíos.

Ya nadie sueña con vivir cerca del mar.

La tormenta inutilizó casi todas las líneas de transporte subterráneo.

Largas filas de tractores procuran en vano recomponer los túneles derrumbados, pero la sal no deja de hacer su propia excavación en el acero de los refuerzos y los rieles.

Sin embargo, la gente continúa bebiendo, haciendo amigos y enamorándose sin control, fumando irresponsablemente en los balcones mientras, bajo la ceniza, colapsan las redes urbanas.

Muchos aseguran que no hay nada que temer, que los acontecimientos han sido exagerados por los noticieros y la ansiedad general.

Son las cuatro de la mañana y ya me deslizo entre ríos de fieles que cargan imágenes de la Virgen, suben y bajan de camiones, y cruzan a pie las autopistas a dos grados bajo cero.

No soy quién para cuestionar los códigos de la desesperanza.

El taxista maneja en sospechoso silencio, como si callara un secreto de estado.

Como si conociera el propósito de las últimas inundaciones.

Siempre hay alguien que se nos acerca para decirnos quédate un poco más, no te vayas, ahora es que se va a poner buena la fiesta.

Pero yo no dejo de pensar en la inmodestia de las casas con vista al mar.

Quienes habitaban las costas de Fukushima durante la Edad Media colocaron por todo el terreno tabletas de piedra con advertencias precisas:

No construir en esta costa / Riesgo de tsunamis

Hoy las corrientes radiactivas han alcanzado las playas de California, México y Perú.

La gran zona de plástico del Pacífico ya comienza a disolverse por la acción de los isótopos.

A las oficinas del gobierno llegan cientos de familias afectadas por la misma radiación que hace relumbrar las tripas de los peces.

Los televisores de la sala de espera transmiten imágenes de una nueva refinería inaugurada cerca de la frontera.

Las llamas de las antorchas han sido borradas digitalmente, y ahora la refinería se alza inocente contra un cielo perfectamente azul.

Nadie nota cuando la embajadora pasa frente a todos arrastrando un saco de tubérculos cubiertos de alquitrán.

El conductor del taxi acelera dejando aún más negra la larga noche de la crisis.

Subo el volumen de los audífonos para atormentarme con los sintetizadores y el bajo. No quiero escuchar los quejidos de mi vientre intoxicado.

Ya nadie sueña con despertar todos los días frente al mar.

No me importa llevar en las tripas el parásito del desaliento.

Las playas harán combustión para despedirnos.

EN LA LÍNEA DE FUEGO

I

La ciudad era una única y estruendosa barriada extendiéndose de costa a costa, como una epidemia.

El período de alerta, que comenzó siendo de solo un par de semanas, ya se había alargado por más de seis meses.

Se había vuelto aconsejable no exponerse al sol ni a la lluvia.

Las noticias hablaban de máquinas insurgentes y sombras que se arrastraban jadeando por los cuarteles.

Sobre los tribunales volaban helicópteros piloteados por actores temblorosos. Las granadas de utilería se rompían sobre el asfalto sin causar ningún daño.

Un comentarista aseguró —no paraba de llorar— que del palacio presidencial habían salido dieciocho tanques entre una humareda negra. Uno por cada año de gobierno.

En cualquier momento —se decía— colapsarían las instituciones.

Desde países vecinos veríamos, en vivo y en directo, cómo los funcionarios públicos acabarían sus días ardiendo en una gran hoguera comunal.

Oímos los temblores del suelo, pero los tomamos por pasajeras tempestades de junio.

II

Se pensaba que después del petróleo la sociedad transmutaría en un campo más justo de fuerzas.

El aire sería más puro, el agua más limpia.

Nada de eso había ocurrido.

Los cuerpos de seguridad atendían las órdenes de un estado cada vez más sanguinario.

No era posible calcular el número de muertos en las manifestaciones.

Ya eran comunes los ojos vaciados, las arterias cercenadas, los proyectiles alojados en lo más blando de nuestros cuerpos.

Perdimos el poder judicial y poco después el congreso. Luego fueron disueltas todas las figuras locales de autoridad.

Cada frase se transformaba en una mancha gris apenas salía de nuestras bocas.

¿Había comenzado ya la guerra? No podíamos saberlo.

Se necesitarían cien terabytes de RAM para simular todos los posibles desenlaces de la crisis.

Después de los primeros estallidos todo nos sonaba igual.

El mismo zumbido ondulante sosteniendo la ciudad, un timbre inagotable que parecía venir de un pasado recientemente suprimido.

En las noches se confundía con el rumor de los buques hundiéndose bajo las olas.

III

Nos perdimos en la multitud.

Los cadáveres se amontonaban a las puertas de las tiendas desvalijadas. De los cuerpos mutilados brotaban ríos de vinagre y sal.

Yo ya estaba a medio descomponer, pero aún podían reconocerse sobre mi piel los trazos de la radiación.

Necesitaba escucharte decir que no ganaríamos ninguna batalla, que no era así que se ganaban batallas.

Me dijiste no hables, no hagas gestos; los fantasmas siempre se quedan en los parques esperando recuperar alguna viscosidad.

No podíamos seguir tan lejos de casa, inventando pretextos para decir que los últimos reportes nos parecían falsos.

Hemos venido del subsuelo, pero nuestro miedo es puro.

Somos la materia prima del desastre, una carne primordial en la línea de fuego.

Una gran tormenta se aproxima, una ruina ya prevista.

DEAD HORSE BAY

I

Una mañana salí de mi casa y tomé el Q35 hacia el sur de Brooklyn.

En el teléfono la trayectoria azul me indicaba cómo llegar a Barren Island, una península artificial asentada sobre un antiguo vertedero de basura.

Me bajé justo antes del puente que conecta con los balnearios menos visitados de Queens.

El sendero hacia la bahía era estrecho y boscoso.

Tenía frío, pero estaba lleno de deseo.

Una roca circular sobresalía entre la vegetación como el único indicio de un molino de trigo construido por colonos holandeses en el siglo XVII.

La playa era una colección de objetos brotando del suelo.

Innumerables botellas, harapos deshilados, suelas de zapatos, fragmentos de juguetes, armazones oxidados y cubiertos de sargazos.

¿Qué había venido a buscar entre la basura?

¿Qué estaba haciendo en ese lugar, cortándome los dedos con los desechos de otro tiempo?

II

Las botellas verdes. Las botellas color ámbar. Las botellas cristalinas. Las botellas rotas.

Las botellas de cloro. Las botellas del siglo XIX. *Las botellas del siglo* XX.

Las botellas de perfume y las botellas de barniz de uñas. Las botellas de medicamentos. Las botellas de bourbon.

Las botellas del artista y las botellas del maestro de escuela secundaria.

Las botellas del gobierno federal, las botellas de los inmigrantes desplazados. Las botellas de arsénico.

III

Toda la tarde vagué por la playa junto a coleccionistas, fotógrafos y buscadores de tesoros.

Temblando, rescaté de entre las rocas una diminuta cabeza de mujer hecha de porcelana y un par de canicas gastadas por la corriente.

Por un momento creí que estaba en una película y era el último sobreviviente de una desaparición en masa.

A mi izquierda el mar, a mi derecha la autopista, a mis pies la escena de un futuro incuestionable.

Cuando hay tempestad, el suelo escupe una capa más de desperdicios.

Los días siguientes traen nuevas oleadas de visitantes, que creen estar haciendo una honorable labor de limpieza.

(Alguien siempre tiene que continuar impulsando el ciclo de los objetos).

IV

En la libre circulación de las mercancías no hay centro ni borde, todos somos parte de una misma viscosidad ilocalizable.

El plomo de las baterías descartadas se filtra en el agua de la misma forma que el capital inunda los paisajes de nuestra infancia.

Quiero ser el primero en digerir este enorme iceberg de nylon, vidrio y metal.

Este mundo nos modifica, somos solo una de sus dolorosas mutaciones.

VI

Antes de convertirse en basurero, había en este lugar una fábrica de pegamento.

De todas partes de la ciudad llegaban cuerpos de caballos que caían desplomados en mitad de la calle tras años de esclavitud y agotamiento.

Para extraer el colágeno se hervían huesos, pezuñas, piel, tendones y cartílagos. Tras repetir la operación varias veces, una pasta amarilla era embotellada y puesta a la venta.

El olor rancio de los vapores generados en el proceso causaba enfermedades en los barrios obreros cercanos y podía sentirse incluso en los confines del este de la ciudad.

Fue en esos años cuando la zona comenzó a llamarse la Bahía del Caballo Muerto.

Aún hoy se pueden encontrar sobre la arena secciones de fémures, mandíbulas quebradas o alguna pelvis blanqueada por el sol.

VI

Las botellas intactas bajo la arena y el barro. Las botellas cubiertas de algas.

Las botellas entre las hélices de las embarcaciones abandonadas.

Las botellas entre los cadáveres de mantarrayas. Las botellas bajo las patas de los cangrejos herradura.

El tintineo de las botellas meciéndose en la marea.

Este es el resultado de lo que somos, una tierra de vidrio desmoronándose en cada aguacero.

ATLAS

I

Este es el diagrama de un surtidor de gasolina.

Al pie de la imagen un texto explica que la boquilla de cierre automático fue diseñada en 1939 por un inventor nacido en Nueva Jersey.

El sistema es simple, pero ingenioso: conductos y pequeños orificios que juegan con el aire para detener o liberar el paso del fluido.

Recuerdo haber leído un poema acerca de espejismos provocados por las ondas de calor en una gasolinera.

Supuse que en aquel entonces las estaciones de combustible eran espacios solemnes, de rito y celebración.

Aún hoy alcanzamos a verlas en las orillas de los ríos o sobresaliendo entre montículos de arena.

Todo paisaje es continuamente acosado por sus vidas anteriores.

Incluso el viento está colmado de espectros que pertenecen a un tiempo sin nosotros.

II

Esta fotografía parece recortada de una vieja revista de aviación.

En el primer plano un hombre viste una chaqueta de cuero con cuello de felpa, lentes oscuros marca Persol de montura de carey, pantalones azules y botas negras.

Posa de pie, apoyando su peso en una sola pierna y sosteniendo bajo el brazo un voluminoso casco gris.

Unos pasos más atrás una mujer lo mira, la boca semiabierta pintada de rojo, un pañuelo de seda amarrado al cuello. En su mano derecha, una boquilla de combustible de cierre automático.

No aparece en la imagen ninguna aeronave. En cambio, al fondo se desborda una montaña de cubos de basura. Latas de atún vacías, filtros de café, pañales sucios, inyectadoras, huesos de res.

La expresión satisfecha del piloto, la mirada atónita de la mujer.

Muchas veces, desde las torres abandonadas del aeropuerto, he visto la anchura descolorida del vertedero cercano.

III

Este es un folleto que lleva por título *Conoce los ríos más contaminados de Latinoamérica.*

En las riberas del río Negro, en Brasil, las violentas corrientes de fósforo y mercurio han creado un paisaje inquieto, resplandeciente, que simula convulsionar ante quien lo mira.

El río Santiago, en Jalisco, serpentea a través de un corredor industrial de más de cuatrocientas fábricas. Los niños que pueblan sus riberas saben muy bien que no deben acercarse a la espuma que cada día se solidifica entre los cadáveres de los peces.

En el río Guaire, en Caracas, la ciudad deposita diariamente su ofrenda de metales y bacterias. Los habitantes le dan la espalda, como cuando se ignora un ganglio enfermo o una arteria taponada.

El Río de la Plata, en el sur, aparece en primer lugar como el río más contaminado del continente. Se ha clausurado el acceso a sus aguas, completamente cubiertas por una espesa y negra capa de aceite.

La última página del folleto enumera otros grandes ríos que ya han desaparecido o quedado reducidos a débiles arroyos polvorientos.

VI

Esta es una radiografía de dos pulmones humanos.

En el borde inferior aparece escrita la siguiente frase:

«Así comienza el 2018 / Los días pasan, la muerte queda».

Hacia el centro de la lámina puede distinguirse con claridad la sombra que hizo de ese enero un mes predecible, una mancha más —o menos— en el correr de la historia.

Las enfermedades también conforman un horizonte geológico.

Allí el cartílago fosilizado del Holoceno, aquí los huesos roídos de una época que lleva nuestro nombre.

V

Este es un botón promocional con la siguiente consigna escrita en gruesa tipografía blanca:

NO HAY MÁS TIEMPO PARA PENSAR:
DEBEMOS ACTUAR *AHORA*.

Como fondo, en filigrana, un logotipo verde compuesto a partir de lo que parecen dos espigas de trigo entrelazadas.

Sin duda, un vestigio de la era de la agricultura.

En esos años se creía que era normal que el clima oscilara con tanta violencia. Pronto el ciclo de sequías e inundaciones recuperaría su ritmo.

Pero nunca llegaron los planes estratégicos que se prometían cada año. De nada sirvió, tampoco, la filantropía esporádica de las últimas corporaciones.

El hambre nos dejó una honda pústula en el vientre, que continúa abriéndose y cerrándose como una planta carnívora.

Este es el único eslogan que todavía tiene alguna validez:

«Vienen tiempos feroces. Nada de lo que suponemos es cierto».

LA HIJA DEL MINERO

I

La hija del minero está sentada junto a su padre en el asiento trasero de un Mercedes-Benz 300, año 1967.

El conductor maneja a velocidad media, posando ambas manos sobre el volante.

La carretera es gris y cruje bajo las ruedas del automóvil.

Una toma aérea captura la longitud serpenteante del camino, la roja extensión del desierto australiano.

La cámara se aproxima a los rostros de los pasajeros para registrar el espacio mínimo de la conversación.

La mano del minero sobre la nuca de la pequeña, la boca acercándose al oído para decirle en voz baja:

[inaudible].

II

La hija del minero está de pie al borde de la carretera desconocida.

El conductor ha apagado el motor y reposa junto al capó, fumando un cigarrillo.

El viento peina suavemente los terrones.

Cinabrio / Cuarzo / Fluorita

Los minerales no permanecen ocultos en el fondo de la tierra. Flotan en el aire, se acumulan sobre la piel y las fosas nasales, retozan en la sangre y en los pulmones.

Galena / Erionita / Sílice

La cámara comienza a alejarse dejando ver la tierra abierta, grandes espacios donde antes abundaba el agua.

III

Tendríamos que haber abandonado el continente hace mucho tiempo, pero el minero estaba enamorado de este lugar.

Por las noches deambulaba por la planta siderúrgica. Se le podía ver atrincherado detrás de las trituradoras, murmurando para sí la misma frase:

«Ahora todos somos las ruinas».

Fue el último en escapar cuando la polvareda alcanzó los altos hornos.

Antes de despedirse públicamente, anotó en su bitácora:

[ilegible].

IV

La belleza es una mina de hierro en Australia.

La belleza es un titán chino acabando con todos los príncipes judíos de Occidente.

La belleza es un mercado joven abriéndose al misterio.

La belleza es el polvo rojizo que cubre la ciudad en cada atardecer.

La belleza es una cifra que se escribe con los huesos sobre una tierra heredada.

La belleza es lo que queda.

Estos desperdicios.

Esta calma.

V

El asiento trasero comienza a arder bajo el sol del Pilbara mientras el Mercedes se desliza por la carretera desconocida.

La cámara pasa rasante por encima de obesos y oscuros lagartos, del hierro y de los diamantes, de quince millones de metros cúbicos de tierra que mañana habrán desaparecido sin dejar rastro.

«Somos los jefes de este arenal, nadie puede con nosotros».

Nunca lo olvides.

Ah, níquel incorruptible / Sereno cadmio

Tu aliento de bauxita. Tus brazos de amianto.

Y2K

La punta de la navaja brilla en la oscuridad.

El tren delantero del Volkswagen quedó hecho trizas. No hubo heridos, pero los policías confundieron mi mancha de nacimiento con un golpe producido por el accidente.

A los nueve años me divertía lanzando piedras a los carros que pasaban por la avenida.

A los veinticinco, me rompieron el parabrisas de un botellazo.

La mayoría de las enfermedades de hoy son transmitidas por animales.

En los jardines de la embajada de Marruecos vive un tigre que el personal alimenta con reses enteras.

La destrucción del lenguaje tiene su origen en los químicos que desde hace años se alojan en la cadena alimenticia.

Nos sentamos en el borde de la acera mientras ella continúa calmando mis nervios.

Trato de explicarle que la niebla no tuvo la culpa; yo había estado bebiendo.

Nunca nos enseñaron el valor de nuestra herencia.

Una dieta alta en carnes procesadas es el principal causante de la desproporcionada deuda estudiantil.

El declive en los conteos de espermatozoides de los últimos años imita el descalabro de la democracia en Occidente.

Un amigo de mi hermano guardaba en el maletero de su BMW una esvástica tallada en madera.

La rubia platinada camina veloz por la acera contraria.

Examinamos nerviosamente el horizonte mientras esperamos la grúa de remolque.

La mayoría de los secuestros ocurren entre las seis y media de la tarde y las diez y media de la noche.

La duplicación de los índices de nitrógeno en los ecosistemas terrestres no ha traído ninguna revolución en la moral ni en el pensamiento.

«Estuvo consciente todo el tiempo, completamente consciente».

Hay quien piensa que el fin del mundo ocurrió hace más de cien años y que no somos sino las grabaciones de un futuro ya decidido.

El vigilante del taller automotriz frota la antena de su *walkie-talkie* distraídamente contra la pared corrugada.

No nos sentíamos así desde 1999.

Una entrada de Wikipedia explica en detalle los hechos del gran fiasco del Y2K:

En Japón, un poco después de la medianoche, sonó durante nueve minutos una alarma en la planta de energía atómica de Onagawa.

En Estados Unidos se apagaron al mismo tiempo ciento cincuenta máquinas tragamonedas de las pistas de carreras de Delaware.

En Argentina dejaron de funcionar tres mil tarjetas de descuento de una cadena de comida rápida.

¿Cómo se salva a quien se dirige alucinado hacia su propia ruina?

La bala perfora el cráneo del disidente emitiendo un chasquido hueco.

La compañía de seguros me contactará dentro de dos semanas, pero no atenderé la llamada.

Entra conmigo en el simulador y vayamos de paseo por una larga ondulación.

CALDO DE HUESOS

I

La universidad se había convertido en un campo de batalla.

Las luces de la policía proyectaban dibujos parpadeantes en el aire saturado de gases.

Tomé la última salida antes del túnel y descendimos por un camino zigzagueante.

Al margen de la carretera había casas sostenidas sobre el barranco por delicados pilares de concreto.

De los balcones colgaban desagües improvisados, negras enredaderas de cables y restos de carteles de las últimas elecciones.

Por las ventanillas logramos ver, estacionados en el fondo del valle, hileras de tractores aguardando la orden final.

II

En silencio cruzamos aquel territorio de barro y zinc, buscando en la radio una estación que aún estuviera al aire.

Los últimos días nos parecían el residuo tóxico de una combustión controlada.

Las hordas de manifestantes intentaron cerrar la autopista volcando un camión de huesos de res provenientes de un matadero.

Como la comida escaseaba, los pobladores de un barrio cercano desarmaron la barricada y la usaron para cocinar un caldo.

Pensé en los pasillos de mi escuela, vandalizados y envueltos en llamas.

Alguien comentó que ya no teníamos razones para volver.

Abandonamos el carro detrás de un contenedor de escombros pintado con la bandera del Partido y el lema: «Yo soy el arca de la vida».

Sentíamos en los intestinos el ardor de años de consumirnos en el alcohol y los calmantes.

Atravesamos a pie terrazas de arena, alejándonos del resplandor de una ciudad que al fin nos ignoraba.

III

Tantos años volando por encima de ciudades en llamas, tantos años sin dejarnos tocar por los diamantes de afuera.

¿Qué significaba reconocer, justo ahora, ese espacio olvidado?

Este es el límite donde se reconcilian la esperanza y la muerte.

IV

Quienes nos recibieron en su mesa no advirtieron que nos rescataban de una muerte segura.

El caldo de huesos —supimos después— tiene una larga historia de uso terapéutico.

El colágeno extraído durante la cocción ayuda a restablecer el revestimiento intestinal, por lo que suele usarse para la curación de dolencias digestivas.

Mi cabeza daba vueltas.

Recordé a mi padre y a mi madre. A mi hermano.

Treinta millones de personas en esta ciudad y aún nos resulta imposible confiar en nadie.

El vómito subió por mi garganta como un géiser en la noche del desierto.

V

Me despertó un apagón.

El zumbido de los transformadores anunciaba una emboscada inminente.

Era una de las tácticas de ataque de los organismos del orden.

Rápidamente recogimos nuestras pertenencias, dijimos adiós y emprendimos el camino hacia lo más profundo del valle.

Nadie dijo que los viajes tenían que llegar a término.

Lo que planeábamos era insensato, pero en nuestros oídos la verdad sonaba a falsificación barata.

EL HIJO DEL POLICÍA

Sin pensarlo dos veces, me adentro en la pista de aterrizaje abandonada.

Una pareja de alazanes y un joven potro se alimentan tranquilamente del tierno pasto que nace entre el barro y la arena.

Sabía que a un par de kilómetros al oeste estaban las ruinas de un estadio de béisbol nunca terminado, que durante algún tiempo funcionó como estación de la Policía Independiente de la Costa.

El estadio fue un temido centro de interrogatorios, sobre todo después del descalabro del último gobierno del Partido.

Las huellas de las torturas aún pueden verse sobre la piel de los pescadores que cada mañana regresan de altamar.

Las cicatrices brillan bajo el sol igual que las escamas de las sardinas.

La población de peces ha repuntado después del cierre de los últimos hoteles y clubs vacacionales. He visto cómo, semana tras semana, las redes vuelven cada vez más cargadas de esa masa plateada y convulsionante.

De pequeño visitaba estas playas en compañía de mis padres, a veces todos o casi todos los fines de semana.

Solía perderme con los niños del pueblo. De no haber sido por mi piel bastante más clara, casi blanca, habría parecido uno más de ellos.

Esta costa era una especie de santuario, aislado del resto del litoral gracias al precario camino de tierra que lo comunicaba con la vía principal y a la desolación de sus playas vírgenes, que carecían de las comodidades exigidas por el turista medio.

En mis años de estudiante universitario me atormentaba un mismo sueño recurrente. Tras años de no haber vuelto, llegaba para encontrar las colinas invadidas por cientos de edificios toscos y torcidos, que parecían a punto de desplomarse sobre la orilla del agua.

Para llegar al estadio hay que tomar un camino estrecho que se abre entre las uvas de playa.

A medida que asciendo, noto cómo la vegetación cambia rápidamente y los sonidos del mar son reemplazados por los de un bosque tropical seco y caliente.

Algunos pájaros dan saltos sobre la hojarasca, produciendo chasquidos que se asemejan a pasos.

A cada momento giro mi cabeza esperando encontrar un animal grande o algún perseguidor sigiloso.

Me han advertido que debo andar con cautela.

Tras el fin del Partido, el crecimiento acelerado de los pueblos vecinos los ha convertido en ciudades anárquicas.

La abolición de los sindicatos produjo una masa atomizada de individuos depresivos, que vagaban por el pueblo sin rumbo fijo.

Incapaces de recuperar las habilidades de la pesca y el cultivo, se dedicaron al robo, la extorsión y el bandidaje.

Sin embargo, la relación entre esas nuevas ciudades y el pueblo es generalmente pacífica y puramente transaccional.

De vez en cuando llegan en un tropel de motocicletas en busca de alimentos producidos localmente, que insisten en pagar a precios exorbitantes.

Al entrar en un claro del bosque veo por primera vez el estadio. Decido darle una vuelta de reconocimiento.

El calor reverbera con tal fuerza que parece hacer vibrar la estructura de acero y hormigón.

Sobre el talud de la carretera encuentro cientos de agujeros, seguramente el resultado de fusilamientos en masa ejecutados por la policía.

Con ayuda de mi navaja logro extraer una bala dorada. Me extraña que sea de una nueve milímetros. (¿Quién fusila con pistola?).

Pienso en las cicatrices de los pescadores, marcas de un pasado reciente sofocado en las redes de la historia.

Continúo bordeando el estadio y me encuentro con los restos de lo que parece la barraca del último vigilante.

Una vez que compruebo estar solo, decido adentrarme en la construcción.

Las historias de los pescadores giran dentro de mi cerebro como las aspas de un destartalado motor fuera de borda.

Desenfundo mi Canon T5 y disparo las primeras fotos.

Alguien ha pintado sobre el concreto, en rojo y blanco, un mural con calaveras, huellas de manos y la frase: «Los muertos danzan, la sangre llora».

Imagino cuerpos amarrados con cables y rostros destrozados con las mismas herramientas usadas en la obra.

El mediodía incandescente hace que las imágenes parezcan demasiado homogéneas y sin profundidad.

Pienso en lo limitado de toda representación, en lo difícil que es reproducir, no la realidad, sino lo que percibimos de ella.

Las finas nubes que por un momento tapan el sol le dan al cielo el aspecto de una fotocopia desleída.

El estadio ha tomado nuevo cuerpo ahora que las sombras parecen más leves, casi transparentes.

Aprovecho la oportunidad y disparo nuevas fotos.

Hago zoom en la pantalla de la Canon para examinar los detalles del mural y noto otra frase escrita en su parte inferior: «En memoria de los protectores / PIC».

El descubrimiento me alarma.

En la siguiente imagen veo, sobresaliendo detrás de una columna, el delgado brazo de un niño de piel clara.

Una súbita ráfaga de viento hace sonar las palmeras.

Sobresaltado, me echo a correr por el camino que lleva de vuelta a la playa.

No sé si huyo del niño o si el niño huye de mí.

A lo lejos, escucho gritos y el bramido de numerosas motocicletas.

El niño me encuentra agazapado detrás de un montículo de cantos rodados.

En su cuello veo la cicatriz inconfundible del roce de un proyectil. Su oreja derecha parece apenas una esquirla de piel.

Quiere saber si yo fusilé a su padre, el policía.

Le respondo que son los policías quienes fusilan a los pescadores.

Se aproxima más y me pregunta si yo ejecuté a su familia.

Me aferro a mi navaja.

El ruido de las motocicletas se hace cada vez más estruendoso.

Las hormigas suben por mis piernas con la voracidad de una horda justiciera.

Pienso en las balas de nueve milímetros, en los fusilamientos que ahora me parecen una venganza colectiva.

«Los muertos danzan, la sangre llora».

En los puños de los motorizados resplandecen las nueve milímetros.

En los ojos del niño, los cuerpos de los policías fusilados en un levantamiento espontáneo.

Me habían advertido que debía andar con cautela.

Las historias de los pescadores rompen en mi cerebro como olas contra un arrecife de acero y hormigón.

WILLY MCKEY

El puente se desvanece en el retrovisor.

Tomo el camino más largo para desembocar en la autopista. Veo arbustos secos, lomas, anuncios de comida.

Después de algunas curvas y antes de unirme al flujo de tráfico, me detengo por completo y apago el motor.

«Ahora todos somos las ruinas», canta la mujer de la radio. Me gusta esta canción.

No se puede hacer este tipo de viajes sin una cerveza junto a la palanca de cambios.

Es cierto que en California los cielos son más azules, pero yo no vine a este país a hacer amigos. No se hacen amistades sino gracias al más puro y mediocre azar.

Nado a través de ríos de sílice sin que nadie lo note.

Hay una relación directa entre el precio del trigo en Buenos Aires y los índices de precipitación en Bangladesh.

No es cierto que las cucarachas puedan sobrevivir un desastre nuclear. Apenas resisten el invierno gracias a la basura que producimos y a la calefacción de nuestros edificios.

Las academias militares han editado más revistas literarias que todas las instituciones culturales del país.

«A otra historia, otro modo de escribirla», dijo el profesor.

Las piernas de la mujer dan grandes zancadas que taconean el silencio.

Es muy fácil perderse cuando no se escuchan los consejos de los extraños.

Los mapas no están sino en la memoria.

Hace unos meses recuperé una caja de *cassettes* con los sonidos nocturnos de una hacienda abandonada.

¿Dónde estabas cuando murió Nick Cave?

Para ella, Dios siempre la estaba filmando. A veces, después del baño, se quedaba inmóvil frente al espejo del cuarto, su cuerpo dividiendo en dos la pantalla, como una columna de basalto contra un desierto blanco.

Aquí todo colisiona dulcemente contra otra cosa.

Un día vi que ahí estaba la literatura, odiándome.

Todos esos chicos inocentes y soñolientos.

Pongo los pies en el borde de la carretera y miro hacia el vacío. No hay nada, el paisaje se ha borrado.

Escucho el rumor de veloces camiones surcando los elevados de concreto.

Hay trenes llenos de turistas y camareros exhaustos que atraviesan estos parajes en dirección a las montañas.

No hay dos cosas más parecidas que un vector financiero y una inundación en Tegucigalpa.

La muerte es una industria millonaria.

Los ciempiés caseros, envilecidos por el cianuro, pueden alcanzar un tamaño que rivaliza con el de las ratas.

Cincuenta negros de Alabama cantan en 1959 un himno sagrado de 1746.

El humo de la basura incinerada al borde del camino absorbe los últimos restos de la luz del día.

La belleza son dos botellas de leche sobre una escalera de incendios en 1915.

Los bienaventurados no deberían escucharse tanto a sí mismos.

En la distancia veo la silueta de alguien de pie junto al barranco. Comienzo a moverme en su dirección.

Camino junto a señales de tránsito agujereadas por balazos.

Es Willy McKey.

You are not *a man of the mountains*, le digo. Se entiende.

Albatros, me responde.

Con el borde de mi mano lo hago desaparecer.

¿A quién le importa lo que traiga el futuro?

El cielo de noviembre da un giro perverso.

Ponte de pie junto al poste de luz y marca el número de la sala de emergencias.

ESTADO DE SITIO

I

Los habitantes de la capital la habíamos rebautizado Pueblo Quemado.

Yo me uní a un grupo de estudiantes y nos establecimos en un hospital vacío.

Rápidamente se consolidó una comunidad semiorganizada.

Dormíamos acompañados de ratas, palomas y escolopendras sobre colchones que fabricamos aglomerando viejos trapos.

Como los ascensores habían dejado de funcionar, transformamos los ductos en apartamentos verticales.

De una colina cercana bajaba un hilo de agua que los ocupantes anteriores habían conducido hacia un pequeño pozo de concreto.

En verano chapoteábamos entre incipientes algas, renacuajos y murciélagos muertos.

Extrañábamos el agua fresca que salía de los lavamanos en los edificios del gobierno.

Desde la azotea alcanzábamos a ver las grúas del puerto, que todavía producían la ilusión de alguna actividad industrial.

Más lejos, al otro lado de la bahía, el distrito financiero parecía el cadáver de un vasto arrecife de coral.

II

Los inviernos eran duros.

Dábamos tumbos por las calles como focas apaleadas sobre la nieve.

Pasábamos buena parte del tiempo imaginando manadas de enemigos que salían inesperadamente de los matorrales.

Guardaba junto a mi catre un pesado ladrillo que había logrado desencajar de un muro.

Repetía en mi mente la misma escena, el exacto golpe, el vértice hundiéndose en un cráneo distinto cada noche, *camush, camush*, como el chapotear de nuestros cuerpos en el azul de metileno.

III

La belleza es el hambre que nos hermana.

La belleza es un ángel que yo he visto deambular por estos callejones, un ángel pardo y borracho, oloroso a escupitajo y con qué vozarrón, Dios mío.

La belleza es la piel insolada de los disturbios.

IV

Una mañana nos despertó el estruendo de granadas lanzadas contra nuestro refugio por una alianza de comandos de filiación dudosa.

A duras penas, y con una esquirla abriéndome el muslo, logré escapar junto a dos cómplices por los desagües que salían del sótano.

Rodamos por el barranco como tres costales sanguinolentos.

Al caer la tarde ya estábamos del otro lado de la hondonada. Desde ahí pudimos ver cómo las Fuerzas Especiales demolían el hospital para arrasar con las evidencias.

Me separé del grupo y encontré un lugar tranquilo donde recostarme.

La herida en mi pierna sangró durante más de cinco minutos.

El viento soplaba desde el sur, anunciando la pronta llegada de las lluvias.

Frente a mí, una pared pintada con el logotipo del Partido y la consigna: «Dios bendice al obediente».

La belleza es un pavor oculto que a veces se subleva.

Los escuadrones están rastreando la zona intensivamente.

El sentido de la historia, ¿no era acaso que nada termina como uno lo espera?

ÍNDICE

MAÑANA VENDRÁN LAS PIEDRAS

CUADERNO DE OTRA PARTE

EL PRÓXIMO DESIERTO

Esta primera edición de
La desesperanza
se acabó de imprimir
el 16 de febrero de 2024
en Madrid.